Angelika Schmelzer

Basispass
Pferdekunde

Das Grundwissen für Pferdefreunde

CADMOS
PFERDEBÜCHER

Inhalt

Grundlagenwissen. . . . 3

Und worum geht es? 3

Wer prüft, wer wird geprüft? 4

Entwicklungsgeschichte. . 4

Vom Wesen des Pferdes 5

Vertrauen heißt Sicherheit. 6

Vertrauen bildende Maßnahmen 7

Das Führen 8

Von einem Ort zum anderen 9

Anbinden und frei lassen. 10

Pferdepflege 11

Pflege von Haar 11

... und Horn. 12

Aufgesattelt! 13

Alles, was am Kopf ist 13

Alles, was am Rumpf ist 15

Alles, was am Bein ist 16

Pferde transportieren. . 16

Erst geht es rein 16

... und dann wieder raus 17

Aus der Trickkiste 17

Vertrauen und
Verantwortung 18

Tierschutz ist Gesetz 18

Die Verantwortung für das Pferd 19

Kein Ende mit Schrecken. 20

Die Beurteilung
des Pferdes. 21

Groß oder klein? 21

Rassepferd oder nicht? 21

Farben 22

Abzeichen. 22

Identifizierungsmerkmale 23

Zeigt her eure Pferde 23

Ist das Pferd gesund,
freut sich der Mensch. . 25

Vorsorge ist besser als Heilung 25

Kleine Anatomie des Pferdes. 26

Gesund und munter? 26

Schnelle Hilfe. 27

Hauptmängel 28

Hier ist gut
Pferd sein 28

Was Pferde wirklich brauchen. 28

Artgerecht oder nicht? 29

Sicherheit geht vor 30

Die Fütterung. 31

Die Verdauung 31

Zurück zur Natur? 31

Wie viel darf es sein? 32

Mahlzeit! 32

Impressum

Copyright © 2001 by Cadmos Verlag GmbH, Lüneburg

Gestaltung und Satz: Ravenstein Brain Pool, Berlin

Fotos und Titelfotos: Angelika Schmelzer

Zeichnungen: Esther von Hacht

Druck: Westermann Druck, Zwickau

Redaktion: Nicole Künzel

Alle Rechte vorbehalten.

Abdrucke oder Speicherung in elektronischen Medien nur nach vorheriger schriftlicher Genehmigung durch den Verlag.

Printed in Germany.

ISBN 3-86127-250-4

Nach der Teilnahme an einem Vorbereitungslehrgang dürfte die Prüfung kein Problem sein.

Grundlagenwissen

Der Trendwende im Pferdesport — weg von der rein leistungsorientierten Nutzung, hin zur gemeinsamen Freizeitgestaltung mit dem Pferd unter Berücksichtigung seiner Bedürfnisse — trägt der am 1.1.2000 neu eingeführte „Basispass Pferdekunde" der FN Rechnung. Wer ein Abzeichen im Reiten, Westernreiten, Voltigieren, Fahren oder Longieren ablegen möchte, muss nun zunächst sein Grundwissen rund ums Pferd unter Beweis stellen.

Und worum geht es?

Prüfungsinhalt sind Fertigkeiten und Kenntnisse im Umgang mit dem Pferd, reiterliches Können wird weder vorausgesetzt noch geprüft. Darum eignet sich dieses Abzeichen auch für alle (noch) nicht reitenden Pferdefreunde, als Einstieg in den Pferdesport oder als Grundlage für die Beschäftigung mit dem Pferd. Das Prüfungswissen erlernt der Prüfungsanwärter am besten im Rahmen eines Vorbereitungslehrgangs, dem sich eine praktische und theoretische Prüfung anschließt.

Prüfungsinhalte

Praktisch

- Verladen
- Richtige Pferdepflege
- Aufsatteln und Auftrensen, bandagieren, Gamaschen anlegen
- Wesensmerkmale des Pferdes, Verhalten erkennen und beurteilen
- Richtiges Annähern, Führen, Vorführen, Wenden, Anbinden des Pferdes
- Vorbeigehen an anderen Pferden, Freilassen des Pferdes in den Paddock oder auf die Weide

Theoretisch

- Pferdegesundheit: die wichtigsten Erkrankungen, anatomisches Grundwissen, Wurmkuren, Impfungen, erste Hilfe im Notfall, die Pflege des Hufes
- Pferdefütterung: der Verdauungstrakt, Futterrationen, Futterarten, Fütterungsarten
- Pferdehaltung: Unterschiedliche Haltungsformen, Sicherheitshinweise, Unfallverhütung, Bewegungsbedarf
- Umgang mit dem Pferd, Pferdeverhalten: Verhaltensbeurteilung, Entwicklungsgeschichte, Identifizierungsmerkmale, Pferdebeurteilung, die ethischen Grundsätze des Pferdefreundes

Wer prüft,
wer wird geprüft?

Für die Teilnahme am Vorbereitungslehrgang oder an der Prüfung gibt es keine Beschränkungen: Wer über die erforderlichen Fähigkeiten verfügt, kann diese Prüfung ablegen; es gibt weder eine Altersgrenze noch ist die Mitgliedschaft in einem Reitverein notwendig. Vorbereitungslehrgänge werden von Ausbildern durchgeführt, die mindestens über die Qualifikation eines Trainer C verfügen, wobei als Veranstaltungsort Reitvereine oder Ausbildungsbetriebe in Frage kommen, die eine Genehmigung vom Landesverband oder der Landeskommission erhalten haben.

Die aus zwei Abschnitten — Theorie und Praxis — bestehende Prüfung wird vor zwei FN-Richtern abgelegt, die keine Wertnoten vergeben, sondern nur über „bestanden" oder „nicht bestanden" entscheiden. Nach bestandener Prüfung wird von der Prüfungskommission im Auftrag der Deutschen Reiterlichen Vereinigung (FN) der „Basispass Pferdekunde" ausgehändigt. Und falls es beim ersten Anlauf nicht klappt – kein Problem, die Prüfung kann jederzeit wiederholt werden!

Für den Basispass Pferdekunde werden keine Reitkenntnisse gebraucht!

Das Przewalskipferd gilt als der Vorfahre unserer modernen Hauspferd
Foto: Zoologischer Garten, Marwell

Entwicklungsgeschichte

Seit circa 8000 Jahren begleitet das Pferd den Menschen als Haustier. Damit nimmt die gemeinsame Geschichte von Mensch und Pferd in der gesamten Evolution unserer Vierbeiner nur einen verschwindend geringen Zeitraum ein, denn die des Pferdes reicht ungefähr 70 Millionen Jahre zurück. Die Urform des Pferdes wird „Eohippus" genannt, es waren katzen- bis fuchsgroße Tiere mit schlanken Gliedmaßen.

Die letzten Wildpferde, die „Przewalskipferde", wurden im 19. Jahrhundert zum ersten Mal am Rande der Wüste Gobi entdeckt. Sie gelten als Vorfahren unserer heutigen Pferde.

Pferde sind Fluchttiere, erst weglaufen, dann nachdenken lautet die Devise.

Vom Wesen des Pferdes

Pferde sind Fluchttiere, die sich immer noch instinktiv wie ihre Vorfahren verhalten. Sie sind stets bereit, beim geringsten Anlass zu fliehen, und stellen sich nur dann zum Kampf, wenn sie keine andere Möglichkeit sehen. Pferde sind auch anatomisch bestens gerüstet, ihre Umwelt stets auf mögliche Gefahren hin zu überprüfen: Ihre Sinnesleistungen übertreffen die des Menschen bei weitem.

Für den Zweibeiner ist oft nicht nachzuvollziehen, warum sein Vierbeiner erschrickt und scheut, für unsere Pferde dagegen ist dieses Verhalten normal und nicht böswillig. Pferde orientieren sich in die Ferne und neigen dazu, frei gelegene Stellen zu bevorzugen, die ihnen Rundumsicht bieten. Der Mensch hat deshalb die Aufgabe, sein Pferd mit der Umwelt und allen darin vorkommenden Reizen (Geräusche, Gerüche, Anblicke) vertraut zu machen und dafür zu sor-

gen, dass seine ständige Fluchtbereitschaft ihm keinen Stress verursacht.

Die wild lebenden Vorfahren unserer Hauspferde mussten täglich weite Strecken zurücklegen, um genügend Nahrung zu finden und Wasserstellen aufzusuchen. Strecken von bis zu dreißig Kilometern wurden, meist im gemütlichen Schritt, grasend oder wandernd zurückgelegt, nur auf der Flucht wurde galoppierend oder trabend gesprintet. Man bezeichnet das Pferd deshalb auch als Lauftier, weil das Bedürfnis nach Bewegung in den genetischen Anlagen fixiert ist. Die Arbeit unter dem Sattel reicht meist nicht aus, dieses Bedürfnis wirklich zu befriedigen, Abhilfe schaffen eine artgerechte Haltung im Offenstall, täglicher Auslauf mit Artgenossen oder zusätzliche Laufmöglichkeiten an der Longe oder in einer Führanlage. Fehlt ausreichend Bewegung, entsteht ein Bewegungsstau, der sich oft in unkontrollierbarem Verhalten unter dem Sattel oder in Stalluntugenden äußert. Eine „Untugend" ist beispielsweise das *Koppen*, bei dem das Pferd unter Zurückziehen des Kehlkopfes Luft schluckt. Der Aufsatzkopper setzt dabei die Schneide-

Pferde sind Lauftiere: Haben sie zu wenig Bewegung, können sie zu Problempferden werden.

Pferde sind Herdentiere: Wir Menschen sollten Chef und Freund zugleich sein.

Spitze steht, legt fest, wer in der Herde das Sagen hat und wer sich unterordnen muss. Der Mensch macht sich dies zunutze und übernimmt im Umgang mit seinem Pferd die Rolle des Anführers. Macht er dies richtig, wird sich sein Pferd in seinem Beisein wohl fühlen.

Die Grundbedürfnisse nach Licht, Luft, Bewegung und der Gesellschaft von Artgenossen sind unseren Pferden angeboren.

zähne auf geeigneten Flächen, zum Beispiel in der Box auf der Futterkrippe, auf. Der Freikopper schluck Luft ohne Aufsetzen. Die Folge kann eine schlechte Futterverwertung sowie Kolikanfälligkeit sein. Auch das *Weben* gehört zu den schlechten Angewohnheiten, dabei wiegt sich das Pferd mit Kopf und Hals rhythmisch von einer Seite zur anderen, was zu Schäden der Vorderbeine führen kann.

Pferde haben ein großes Bedürfnis nach sozialen Kontakten mit Artgenossen, sie sind von Natur aus Herdentiere. Ähnlich wie wir schließen sie Freundschaften, empfinden sie Zuneigung oder Abneigung. Laufspiele, gegenseitige Fellpflege und die beständige Kommunikation sind Elemente des sozialen Verhaltens unserer Pferde.

Der Umgang mit dem Menschen vermag dieses Bedürfnis nicht wirklich zu befriedigen, er ist nur Ergänzung, nicht Ersatz für den Kontakt mit vierbeinigen Artgenossen. Das Verhalten der Pferde untereinander wird von Regeln so geordnet, dass der Einzelne sich geschützt und geborgen fühlt. Eine Rangordnung, bei der in frei lebenden Herden eine Leitstute an der

Vertrauen heißt Sicherheit

Weiß sich ein Pferd bei seinem Menschen gut aufgehoben, trägt dies entscheidend zur Sicherheit bei. Der Vierbeiner gerät nicht so leicht in Panik, sondern wird sich in Gefahrensituationen an seinem menschlichen Freund orientieren und bei ihm Schutz suchen. Der verantwortungsvolle Umgang des Menschen mit dem ihm anvertrauten Pferd beinhaltet auch die Berücksichtigung der pferdetypischen Verhaltensweisen und die Achtung vor seinen Bedürfnissen. Dazu gehört, dass wir stets mit nicht vorhersehbaren Reaktionen unseres Pferdes auf Umweltreize rechnen und diese nicht als Unart ansehen, sondern respektieren. Die nähere Umgebung eines Pferdes muss so abgesichert werden, dass es sich nicht verletzen kann. Stallgerätschaften sind wegzuräumen, Anbindeplätze frei zu halten, sämtliche baulichen Bestandteile von vorstehenden Nägeln, nicht gesichertem Glas (Fenster) oder gesplittertem Holz (Zaunpfosten) zu befreien.

Grüner Bereich: in diesem Bereich kann das Pferd mit beiden Augen scharf sehen
Roter Bereich: toter Winkel, in diesem Bereich kann das Pferd nichts sehen
Brauner Bereich: hier kann das Pferd nur mit dem linken beziehungsweise mit dem rechten Auge sehen

Dösende Pferde werden erst angesprochen, bevor man sich ihnen nähert.

Vertrauen bildende Maßnahmen

Bei der Annäherung an ein Pferd muss beachtet werden, dass die Sinneswahrnehmung über die Augen bei ihm anders funktioniert als beim Menschen: Die Augen des Pferdes sind seitlich am Kopf angeordnet. Pferde können nur Dinge scharf erkennen, die sie mit beiden Augen sehen. Direkt vor und direkt hinter dem Pferd befindet sich ein toter Winkel, in dem es nichts sehen kann. Durch leichtes Drehen des Kopfes hat es jedoch eine fast komplette Rundumsicht. Da Pferde oft im Stehen dösen und erschrecken, wenn sie plötzlich berührt werden, sollte man sich bei der Annäherung immer schräg von vorne auf sie zu bewegen und sie deutlich ansprechen. Erst, wenn das Pferd erkennen lässt, dass es den Menschen wahrgenommen hat – etwa, indem es den Kopf wendet – tritt man näher heran.

Dieses Pferd zeigt sich aufmerksam und freundlich. Die Ohren sind gespitzt und die Maulpartie ist entspannt.

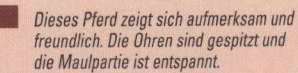

Das Pferd zeigt leichte Unruhe.

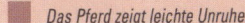

Dieses Pferd hat die Ohren stark nach hinten gelegt, seine Nüstern sind zusammengezogen, seine Zähne gebleckt, es droht. Hier ist äußerste Vorsicht geboten!

Legt der Zweibeiner Wert auf seine Finger, sollte er Leckerlis auf der flachen Hand anbieten.

Pferde hören besser und riechen mehr als der Mensch, sie sehen außerdem fast alles, was sich rund um sie herum tut, ausgenommen die Bereiche direkt vor dem Kopf und hinter der Kruppe.

Das Führen

Damit der Mensch beim Führen eines Pferdes nicht den Kürzeren zieht, ist eine sorgfältige Erziehung, ein Führtraining, unumgänglich. Schon als junges Pferd sollte der Vierbeiner lernen, sich artig neben seinem Menschen zu halten, weder voran zu stürmen noch sich ziehen zu lassen.

Pferde begrüßen sich untereinander, indem sie sich beschnobern. Die Geruchswahrnehmung ist für unsere Pferde wichtig, sie können sogar die kleinsten Geruchsabweichungen, beispielsweise bei verdorbenem Futter, riechen. Pferde wissen es zu schätzen, wenn sie bei der Kontaktaufnahme die Hand des Menschen beschnuppern dürfen. Legt das Pferd die Ohren nach hinten, sollte man vorsichtig sein, bei freundlich gespitzten Ohren ist eine weitere Annäherung erwünscht, nun kann der Mensch mit der Pflege beginnen, das Pferd aufhalftern oder führen. Zu den wichtigsten vertrauensbildenden Maßnahmen in Pferdekreisen gehört auch die gegenseitige Fellpflege. Pferde empfinden es als Freundschaftsbeweis, wenn sie von ihrem Menschen gestreichelt oder gekrault werden, am liebsten an der Stirn, der Vorderbrust oder am Mähnenkamm. Bei jeder Beschäftigung mit dem Pferd empfiehlt es sich, den Kontakt beständig aufrecht zu erhalten, etwa durch leise Ansprache oder Körperkontakt. Leckerli sollten nur an einzelne Pferde als zusätzliches Lob nach besonderen Leistungen auf der flachen Hand gereicht werden.

Das korrekte Führen sollte regelmäßig geübt werden.

Von einem Ort zum anderen

Meist werden Pferde an Halfter und Führstrick geführt. Dies hat den Vorteil, dass sie damit schon die richtige Ausrüstung tragen, um angebunden zu werden. Lediglich zu bestimmten Anlässen (etwa Zuchtschauen), in beängstigender Umgebung (Tierkliniken) oder zur Korrektur ist es Vorschrift oder empfehlenswert, eine andere, mehr Einwirkungsmöglichkeit bietende Ausrüstung zu wählen. Dann wird das gewohnte Zaumzeug angelegt oder statt des Führstricks eine Führkette eingeschnallt. Pferde dürfen aber nie am Zügel oder mit der Führkette angebunden werden, da sie sich dabei schwer verletzen können!

Festes Schuhwerk und griffige Handschuhe sind immer dann angebracht, wenn wir uns einem Pferd nähern.

Zum *Aufhalftern* nimmt man das Halfter in die linke Hand, stellt sich links neben das Pferd und fixiert dessen Kopf zunächst mit der rechten Hand, die unter seinem Hals durchgreift und auf die Nase gelegt wird. Die rechte Hand ergreift dann das Genickstück des Halfters und streift es über, wobei die Pferdeohren nicht eingeklemmt werden dürfen oder sie fasst das rechte Backenstück und beide Hände streifen das Halfter gemeinsam über. Bei willigen oder kleinen Pferden kann das Genickstück gelöst, das Halfter über die Pferdenase gestreift und dann das Genickstück hinter die Ohren gelegt und geschlossen werden. Das Halfter sollte gut sitzen, sich weder abstreifen lassen noch den Pferdekopf beengen. Der Führstrick wird mit dem Panikhaken im unteren Ring des Halfters befestigt. Er lässt sich auch dann leicht öffnen, wenn das Pferd sich im Strick verfängt und ihn unter Spannung hält.

Frei laufenden Pferden werden immer die Halfter abgenommen!

Man kann das Halfter entweder am Kehlriemen oder …

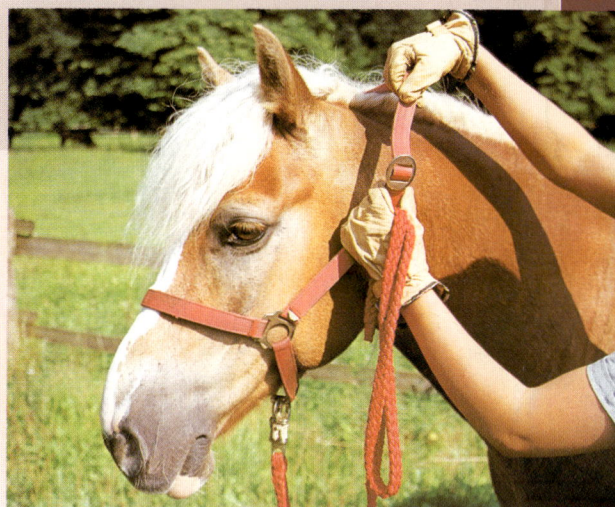

… am Genickstück (hierbei werden die Ohren nicht eingeklemmt) schließen oder öffnen. Fotos: H. J. Schmidtke

Beim Führen hält sich der Mensch auf Höhe der Pferdeschulter und ergreift mit der rechten Hand den Führstrick ungefähr eine Unterarmlänge unterhalb der Befestigung. Das freie Ende wird entweder mit der linken Hand erfasst oder mit der rechten so in Schlaufen aufgenommen, dass sich der Führstrick nicht zuziehen kann, sondern beim Wegspringen des Pferdes durch die Hand gleitet. Beim Führen mit einer

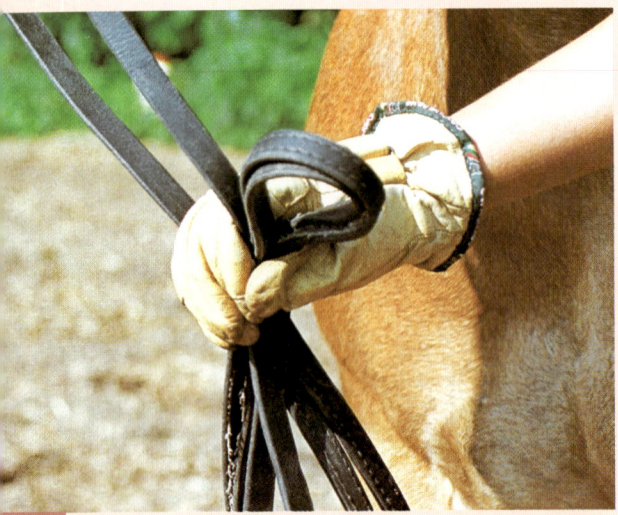

So ist es richtig! Die Zügel werden in der rechten Hand geführt und durch zwei Finger getrennt.

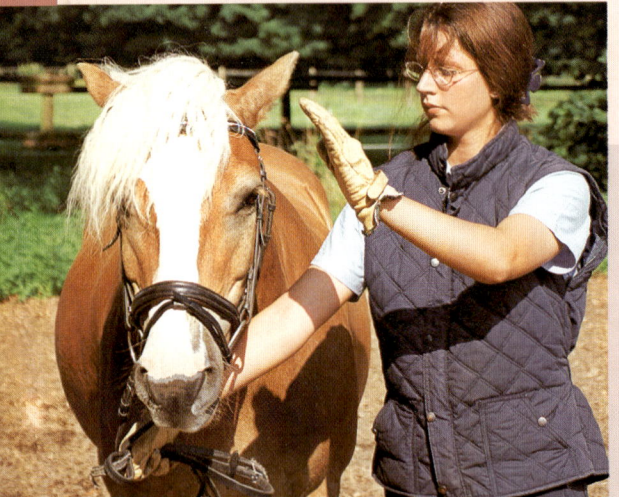

Gewendet wird immer nach außen, die linke Hand in Augenhöhe wirkt dabei als Begrenzung. Fotos: H. J. Schmidtke

Führkette ist die scharfe Einwirkung der Kette zu beachten, deshalb ist besondere Vorsicht geboten. Wird ein aufgezäumtes Pferd geführt, so ergreift die rechte Hand des Menschen beide Zügel so, dass sie durch zwei Finger getrennt werden. Werden zwei Pferde aneinander vorbei geführt, ist der größtmögliche Sicherheitsabstand zu wahren und jeglicher Kontakt zu verhindern. Beim Vorführen, etwa bei einer

Lahmheitsuntersuchung, sollte der Führstrick stets leicht durchhängen, damit das Pferd flüssig geradeaus laufen kann. Gewendet wird immer nach außen, von der Führperson weg, damit das Pferd nicht mit den menschlichen Zehen in Konflikt kommt.

Anbinden und frei lassen

Ein geeigneter Anbindeplatz verfügt über sichere, feste Anbinderinge etwa auf Maulhöhe des Pferdes. Mit einem speziellen Anbindeknoten sind die Pferde so anzubinden, dass sie den Kopf wenden können, eine geeignete Anbindelänge ist meist etwa ein halber Meter. Der Anbindeknoten zieht sich nicht zu und lässt sich schnell mit einer Hand lösen: Eine Schlaufe wird durch den Ring gesteckt, das freie Ende des Führstricks bildet eine weitere Schlaufe, die ihrerseits durch die erste gesteckt wird und das wiederholt man ein paar Mal – sieht ähnlich aus wie Häkeln! Beim Zug am freien Ende lösen sich diese Schlaufen sofort und das Pferd ist frei.

Dieser Knoten lässt sich in Notsituationen leicht öffnen.

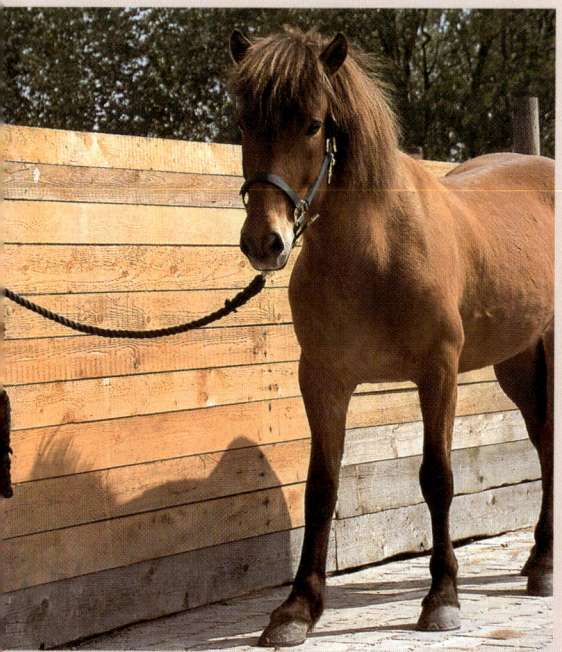

Der Anbindeplatz muss sicher und frei von herumliegenden Gegenständen sein.

Pferdepflege

Sich selbst überlassen, widmen sich Pferde täglich der solitären Fellpflege, etwa durch Wälzen im Sand oder Schubbern an einem Baum, aber auch der sozialen Fellpflege, gemeinsam mit einem Freund. Sie beknabbern einander intensiv an schwer erreichbaren Stellen, am Mähnenkamm, in der Sattellage und im Bereich der Kruppe. Die Nutzung durch den Menschen hat zur Folge, dass diese einfachen Pflegemaßnahmen alleine nicht ausreichen.

Pflege von Haar ...

Die Fellpflege hat die Aufgabe, groben Schmutz zu entfernen, das Fell zu glätten, durch die Massage die Haut gesund zu erhalten und die Beziehung von Mensch und Pferd zu vertiefen. Man kann beim Putzen die Stimmung des Pferdes erkennen und seinen Gesundheitszustand (Verletzungen, angelaufene Beine) am besten begutachten. Zur Pflege werden mindestens ein Striegel, eine grobe Wurzelbürste und eine feine Kardätsche benötigt. Geputzt wird immer in einer bestimmten Reihenfolge: Erst links, dann rechts, erst vorne, dann hinten. Der grobe Schmutz wird durch kreisende Bewegungen des Striegels aufgeraut und anschließend mit Bürstenstrichen in Richtung des Fellstrichs entfernt. Ab und an wird die Bürste am Striegel abgestrichen, um sie zu säubern, der Striegel anschließend an einer festen Oberfläche oder der eigenen Schuhsohle ausgeklopft. Beine und Kopf werden mit einer weichen Bürste vorsichtig geputzt, hier würde der Striegel an den vorstehenden Knochenpunkten schmerzen. Bei robust gehaltenen Pferden ist es notwendig, beim Putzen den feinen Fettstaub im Fell zu belassen, da dieser Wasser abweisend wirkt; sie werden überall dort, wo Ausrüstungsgegenstände am Körper anliegen, gründlich geputzt.

Am Anbindeplatz dürfen keine gefährlichen Gegenstände herumstehen!

Besondere Vorsicht ist geboten, wenn Pferde auf der Weide oder im Paddock frei gelassen werden, sie können blitzartig davonstürmen und dabei nach hinten ausschlagen. Dies lässt sich verhindern, indem sie kontrolliert durch den weit geöffneten Eingang geführt, anschließend zum Menschen hin gewendet und dann erst frei gelassen werden – das Tor wird vorher geschlossen!

So sieht ein gut ausgerüsteter Putzkasten aus: Mähnenkamm, Kardätsche und Kopfbürste, Wurzelbürste, Striegel, Hufauskratzer, zwei Schwämme

Bei der Langhaarpflege dürfen möglichst keine der nur langsam nachwachsenden Haare ausgerissen werden. Robusten Ponys (Isländer) belässt man das Langhaar, manche Rassen werden auf besondere Weise frisiert (Norweger), Warmblütern wird die Mähne meist gekürzt. Bei der täglichen Pflege werden Verschmutzungen (Stroh) mit der Hand entfernt, Mähne und Schopf mit einer groben Bürste gekämmt und der Schweif Haar für Haar verlesen. Turnierpferde werden häufig mit eingeflochtener Mähne vorgestellt. Dazu ist es notwendig, das Mähnenhaar zuvor mit einem Frisiermesser auf eine einheitliche Länge zu kürzen. Der Schweif wird unten gerade abgeschnitten.

Sollen Pferde gewaschen werden, ist ein spezielles, rückfettendes Shampoo zu verwenden, um das Hautmilieu nicht zu schädigen. Bei verschwitzten Pferden reicht es, den Schweiß mit klarem Wasser auszuspülen. Zum Waschen wartet man einen heißen Tag ab und achtet darauf, das nasse Pferd mit einem Schweißmesser abzuziehen, anschließend trocken zu frottieren und zugfrei aufzustallen.

... und Horn

Zur täglichen Hufpflege gehört die Kontrolle der Hufe, der Hufeisen und das Ausräumen des Hufs.

Vor und nach dem Reiten werden die Hufe einzeln aufgenommen und der Schmutz darin mit dem Hufkratzer vom Ballen ausgehend in Richtung Hufspitze entfernt. Man sollte es vermeiden, mit der Spitze des

Ziehen Sie das Pferd mit dem Schweißmesser immer in Fellrichtung ab. Foto: H. J. Schmidtke

Mit dem Hufkratzer wird vorsichtig der Schmutz entfernt, ohne den Strahl zu beschädigen.

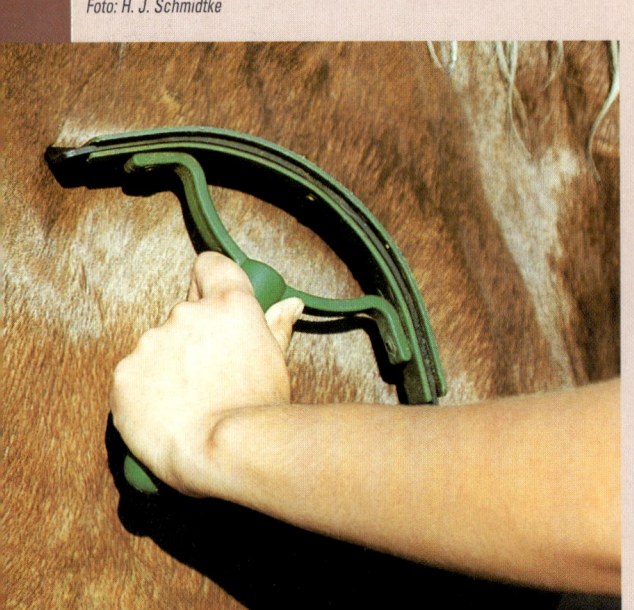

Hufkratzers die Strahlfurchen zu vertiefen oder die Sohle zu beschädigen.

Die Hufwände werden durch eine dünne Glasurschicht vor dem Austrocknen geschützt, die nicht durch den Einsatz grober Bürsten beschädigt werden darf. Besser ist es, mit einem Wasserstrahl den Schmutz abzuspritzen, da reines Wasser dem Hufhorn nützt und die Glasurschicht schont. Anschließend kann Huffett in einer dünnen Schicht aufgetragen werden, wichtiger ist aber die regelmäßige Kontrolle und Korrektur durch einen Hufschmied.

Gesundheit und Wohlbefinden unserer Pferde und das freundschaftliche Band zum Menschen werden durch korrekte Pflege unterstützt.

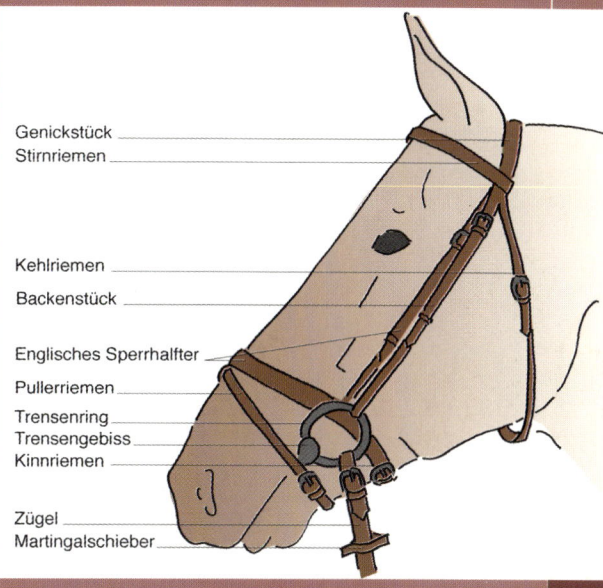

Genickstück
Stirnriemen

Kehlriemen
Backenstück

Englisches Sperrhalfter
Pullerriemen
Trensenring
Trensengebiss
Kinnriemen

Zügel
Martingalschieber

Das kombinierte Reithalfter. Zeichnung: Cornelia Koller

Aufgesattelt!

Sattel und Zaumzeug gehören zur Grundausstattung des Pferdes; wer reiten will, muss mit diesen Ausrüstungsgegenstände sachgerecht umgehen können und sie regelmäßig pflegen.

Alles, was am Kopf ist

Wir unterscheiden das Leder am Pferdekopf, Zaumzeug oder Kopfstück genannt, und das im Maul befindliche Metall, das Gebiss. Das Anlegen wird als Auftrensen, das Abnehmen als Abtrensen bezeichnet.

Zum Zaumzeug gehört ein Genickstück, das hinter den Ohren liegt, verbunden mit zwei Backenstücken, in deren Enden die Gebissringe verschnallt werden, meist ergänzt durch einen Stirnriemen und einen Kehlriemen, die das Zaumzeug am Pferdekopf besser

Das englische Reithalfter

Das hannoversche Reithalfter Foto: P. Prohn

Das kombinierte Reithalfter Foto: P. Prohn

Stellen Sie sich links neben das Pferd, umfassen Sie mit der rechten Hand die Pferdenase und die Backenstücke des Zaumzeuges. Führen Sie das Gebiss mit der linken Hand in das Pferdemaul ein.

Streifen Sie das Genickstück vorsichtig über die Ohren ...

... und verschnallen Sie das Zaumzeug korrekt.

fixieren. In das Gebiss werden die Zügel eingeschnallt. Zum Zaumzeug gehört außerdem meist ein Reithalfter, das es dem Pferd unmöglich macht, sich durch Aufsperren des Maules den Reiterhilfen zu entziehen.

Gebräuchlich sind das

- hannoversche Reithalfter mit seitlichen Ringen, das so verschnallt wird, dass es in der Kinngrube und mindestens vier Fingerbreit über dem Nüsternrand zu liegen kommt, das
- englische Reithalfter ohne seitliche Ringe, das unterhalb der Backenstücke so verschnallt wird, dass es etwa zwei Fingerbreit unter dem Ende der Jochbeinleiste liegt, und das
- kombinierte Reithalfter, bei dem das englische Reithalfter durch einen Pullerriemen ergänzt wird.

Alle Reithalfter werden so geschnallt, dass sich leicht zwei Finger dazwischen schieben lassen.

Zum *Auftrensen* stellt sich der Reiter links neben sein Pferd, legt ihm die Zügel über den Hals, umfasst die Nase des Pferdes von unten mit der rechten Hand und ergreift damit die Backenstücke des Zaumzeugs. Die linke Hand legt das Gebiss direkt vor dem Pferdemaul zurecht und übt dann mit dem Daumen leichten Druck auf die Laden des Pferdes aus und bewegt es dazu, sein Maul zu öffnen. Daraufhin zieht die rechte Hand das Zaumzeug nach oben, während die linke Hand das Gebiss vorsichtig ins Maul gleiten lässt, ohne dass es an die Zähne stößt. Anschließend wird das Genickstück vorsichtig erst über das linke, dann über das rechte Ohr gelegt. Der Schopf wird über den Stirnriemen gezogen, die Mähne geordnet, Kehlriemen (zwischen Kehlriemen und Hals muss eine aufgestellte Faust Platz haben) und Reithalfter werden geschlossen.

Beim *Abtrensen* geht man den umgekehrten Weg. Zunächst werden alle beim Auftrensen geschlossenen Riemen wieder geöffnet, dann stellt sich der Reiter links vom Pferd auf und ergreift mit beiden Händen das Zaumzeug rechts und links etwa auf Höhe des Stirnriemens. Es wird vorsichtig über die Ohren nach vorne gezogen, wobei auch hier das Gebiss nicht an die Zähne schlagen darf.

Alles, was am Rumpf ist

Der Sattel nimmt den Reiter auf, gibt ihm sicheren Halt und verteilt sein Gewicht über den Pferderücken. Zum Schutz des Sattelleders vor Pferdeschweiß werden Satteldecken, zur besseren Gewichtsverteilung auch Gelpads zwischen Sattel und Pferd gelegt.

Vor dem *Aufsatteln* werden die Steigbügel hoch gezogen (nicht beim Westernsattel), die Lage der Satteldecke wird kontrolliert und der Sattelgurt über den Sattel gelegt. Der Sattel wird vom links stehenden Reiter etwas vor der richtigen Position aufgelegt und dann leicht nach hinten gezogen, damit alle Haare in Strichrichtung liegen. Damit die Satteldecke nicht auf den Widerrist drückt, wird sie in die vordere Sattelkammer hoch gezogen (gekammert), anschließend wechselt der Reiter auf die rechte Seite, kontrolliert dort die Satteldecke und lässt vorsichtig den Gurt ab, bevor er wieder nach links wechselt, den Gurt aufnimmt und langsam angurtet. Der Sattel liegt meist dann richtig, wenn zwischen seiner Vorderkante und dem Ellbogenhöcker etwa eine Handbreit Platz ist. Vor dem Aufsitzen wird erneut geprüft, ob der Gurt fest genug ist, dann erst werden die Steigbügel herabgelassen.

Beim *Absatteln* werden zunächst die Steigbügel hoch gezogen, dann die Schnallen des Sattelgurtes auf der linken Seite geöffnet und der Gurt vorsichtig heruntergelassen. Von rechts wird der Gurt über den Sattel gelegt, der Sattel dann von links heruntergenommen.

Legen Sie den Sattel vorsichtig von der linken Seite auf und schieben ihn von vorne nach hinten an die korrekte Position. Lassen Sie den Gurt von der rechten Seite langsam heruntergleiten, wechseln Sie wieder nach links, nehmen Sie den Gurt auf und gurten Sie vorsichtig an.

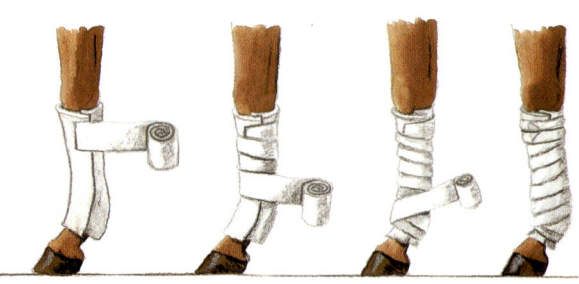

Die Bandagierunterlage muss faltenfrei sein, es wird erst von oben nach unten und dann wieder hinauf bandagiert.

Alles, was am Bein ist

Bandagen dienen dem Schutz der Pferdebeine oder medizinischen Zwecken. Das korrekte Anlegen von Bandagen erfordert viel Übung, da sie weder zu fest noch zu locker sitzen dürfen und zudem korrekt gewickelt werden müssen. Sollen sie länger am Pferdebein verbleiben oder medizinisch wirksame Mittel aufbringen, werden Bandagierkissen untergelegt.

Beim Bandagieren wird zunächst das Bandagierkissen faltenfrei so um das Röhrbein gelegt, dass der Fesselkopf mit abgedeckt ist. Dann wird gewickelt, und zwar erst von oben nach unten, anschließend darüber von unten nach oben; dabei beginnt die Bandage unterhalb des Vorderfußwurzelgelenkes und schließt den Fesselkopf mit ein, lässt aber die Fesselbeuge frei.

Die Enden werden außen verknotet und unter eine Lage gesteckt, sie dürfen nicht auf einer Sehne (also hinten) zu liegen kommen, nicht zu fest angezogen werden, sich aber auch nicht lösen.

Gamaschen schützen den Bereich der Röhrbeine, Streichkappen die Innenseite des Fesselgelenkes, Sprungglocken die Kronen und Ballen. Spezielle Transportgamaschen umschließen fast das ganze Pferdebein mit einer dicken Polsterung und schützen

es so beim Verladen und Transportieren vor Verletzungen. Für alle Schutzmaterialien (außer einfachen Sprungglocken) gilt, dass die Verschlüsse immer außen liegen und die Enden dabei nach hinten zeigen. Ebenso wie bei Bandagen ist auf Sauberkeit zu achten, damit nicht etwa Sand oder Steinchen auf der Haut scheuern.

Angebundene Pferde werden zuerst gesattelt und dann aufgetrenst, nach der Arbeit wird erst das Zaumzeug abgenommen, dann aufgehalftert und abgesattelt.

Pferde transportieren

Zum Transport rüstet man Pferde mit Transportgamaschen, einem stabilen Halfter und bei kühler Witterung mit einer Decke aus. Zusätzlich können Schweifschoner den Schweif, Hufglocken den Kronrand schützen. Auch alle beteiligten Personen sollten auf ihre Sicherheit achten: Handschuhe und feste Schuhe sind ein Muss! Eine Hilfsperson unterstützt den Fahrer beim Verladen und hilft im Notfall bei Pannen unterwegs.

Erst geht es rein ...

Der Hänger wird an einem ruhigen, ebenen Ort aufgestellt, möglichst so nahe an einer Mauer oder Hecke, dass eine seitliche Begrenzung dem Pferd ein Ausweichen nach einer Seite bereits unmöglich

Für den Transport wird ein besonders stabiles und gut sitzendes Halfter benötigt.

Wird der Hänger neben einer Begrenzung geparkt, ist eine Seite der Verladerampe damit schon abgesichert.

macht. Nachdem die Heckklappe geöffnet und die hintere Stange entfernt wurde, stellt sich die Hilfsperson an der freien Seite der Verladerampe auf, während der Führer das Pferd an die Rampe heran führt. Er geht zügig in den Hänger voran und führt das Pferd gerade hinter sich in den Hänger, damit es nicht seitlich von der Rampe abrutscht. Steht es korrekt, wird die hintere Verladestange eingehakt und mit einem Splint gesichert. Nun wird das Pferd angebunden, der Führer verlässt den Hänger durch die vordere Klappe und klappt die Rampe hoch, die ebenfalls mit Splinten gesichert wird. Ein gut gefülltes Heunetz beschäftigt das Pferd während der Fahrt. Es darf nicht zu hoch hängen, damit kein Heustaub in die Augen rieselt, aber auch nicht zu tief, damit das Pferd nicht versehentlich hinein tritt.

Während der Fahrt ist auf eine sehr ruhige Fahrweise zu achten, vor allem in Kurven, bei Bremsmanövern und Beschleunigungen. Etwa alle zwei Stunden wird das Pferd bei einer Rast kontrolliert und getränkt.

... und dann wieder raus

Am Zielort angekommen, wird zunächst die Verladerampe geöffnet und anschließend der Führstrick gelöst. Ein Helfer hängt nun die hintere Begrenzungsstange aus und tritt seitlich an die Rampe. Auf sein Signal lässt der Führer sein Pferd rückwärts langsam die Rampe hinunter treten. Es darf nicht schräg gehen oder seitlich ausweichen, da es dabei von der Rampe abrutscht und sich verletzen könnte.

Aus der Trickkiste

Pferde sind keine Höhlentiere und empfinden den Aufenthalt in einem dunklen, engen Ort als bedrohlich. Daher muss alles vermieden werden, was das Vertrauen des Pferdes erschüttern könnte (Schläge, Schimpfen, Gewalt), wenn es beim Verladen Probleme gibt. Mit viel Zeit und Geduld gelingt es meist, den Vierbeiner zu überzeugen. Es kann helfen

• die Trennwand hinten auszuhängen und schräg zu stellen, dann erscheint der Hänger weniger eng (jedoch muss vor der Abfahrt die Trennwand

Bei unwilligen Pferden kann es helfen, zunächst einen braven Kollegen zu verladen.

Vertrauen und Verantwortung

Wer sich mit Pferden beschäftigt, übernimmt damit die Sorge für ein Lebewesen. Der Pferdebesitzer, aber auch der „Nutzer" eines fremden Pferdes ist für dessen Gesundheit und Wohlbefinden mit verantwortlich. Die Verpflichtungen von Tierbesitzern sind im Tierschutzgesetz niedergelegt, wer dagegen verstößt, macht sich strafbar. Jeder Reiter ist gehalten, Verstöße gegen das Tierschutzgesetz zu verhindern und die eigene Haltung mit den „ethischen Grundsätzen des Pferdefreundes" übereinstimmend zu gestalten.

Tierschutz ist Gesetz

Die ethischen Grundsätze der FN

wieder korrekt gestellt und das Pferd mit der Begrenzungsstange gesichert werden),

- ein zweites, sehr braves Pferd zuerst zu verladen,
- den widerspenstigen Vierbeiner mit Futter zu locken und jeden Schritt in die richtige Richtung zu belohnen,
- für eine Weile das Kraftfutter im Hänger (bitte gesichert!) zu reichen, damit dem Pferd der Aufenthalt darin zu Gewohnheit wird und es den Hänger mit einem positiven Ereignis verbindet.

1. Wer immer sich mit einem Pferd beschäftigt, übernimmt die Verantwortung für das ihm anvertraute Lebewesen.
2. Die Haltung des Pferdes muss seinen natürlichen Bedürfnissen angepasst sein.
3. Der physischen und psychischen Gesundheit des Pferdes ist unabhängig von seiner Nutzung oberste Bedeutung einzuräumen.
4. Der Mensch hat jedes Pferd gleich zu achten, unabhängig von dessen Rasse, Alter und Geschlecht sowie seinem Einsatz in Zucht, Freizeit oder Sport.
5. Das Wissen um die Geschichte des Pferdes, um seine Bedürfnisse sowie die Kenntnisse im Umgang mit dem Pferd sind kulturgeschichtliche Güter. Diese gilt es zu wahren, zu vermitteln und nachfolgenden Generationen zu überliefern.
6. Der Umgang mit dem Pferd hat eine persönlichkeitsprägende Bedeutung, insbesondere für junge

Es empfiehlt sich, das Verladen zu üben, da Transporte auch kurzfristig notwendig sein können (Einweisung in eine Klinik) und das Leben des Pferdes dann davon abhängen kann.

Menschen. Diese Bedeutung ist stets zu beachten und zu fördern.

7. Der Mensch, der gemeinsam mit dem Pferd Sport betreibt, hat sich und das ihm anvertraute Pferd einer Ausbildung zu unterziehen. Ziel jeder Ausbildung ist die größtmögliche Harmonie zwischen Mensch und Pferd.

8. Die Nutzung des Pferdes im Reit-, Fahr- und Voltigiersport muss sich an seiner Veranlagung, seinem Leistungsvermögen und seiner Leistungs- bereitschaft orientieren. Die Beeinflussung des Leistungsvermögens durch medikamentöse sowie nicht pferdegerechte Einwirkung des Menschen ist abzulehnen und muss geahndet werden.

9. Die Verantwortung des Menschen für das ihm anvertraute Pferd erstreckt sich auch auf das Lebensende des Pferdes. Dieser Verantwortung muss der Mensch stets im Sinne des Pferdes gerecht werden.

Der erste Paragraph des Tierschutzgesetzes besagt, dass „niemand einem Tier ohne vernünftigen Grund Schmerzen, Leiden oder Schäden zufügen" darf, weitere Paragraphen legen dar, wie sich der Mensch allen Tieren gegenüber zu verhalten hat. So fordert das Tierschutzgesetz beispielsweise, dass sich Tierhalter informieren, dass sie ihre Tiere bedürf- nisgerecht halten, pflegen und füttern müssen, weder überfordern noch mit schmerzhaften Methoden ausbil- den dürfen. Für Verstöße gegen das Tierschutzgesetz ist der Amtstierarzt zuständig. Es ist leider festzustel- len, dass viele Verstöße gegen das Tierschutzgesetz so alltäglich sind, dass sie kaum wahrgenommen werden, etwa die unsachgemäße und deshalb schmerzhafte Verwendung von Gebissen oder Hilfszügeln, die bewegungsarme und darum nicht artgerechte Hal- tung ausschließlich in der Box oder die mangelhafte Weiterbildung vieler Pferdehalter.

Zu den alltäglichen Verstößen gehört auch der falsche Umgang mit Gebissen.

Die Verantwortung für das Pferd

Wer Pferde mag, wird sie nicht als vierbeinige Sport- geräte ansehen, sondern als Freunde, die Achtung und Respekt verdienen. Dazu gehört, dass sich der Pferdefreund über die Bedürfnisse seiner Tiere infor- miert und das Leben der ihm anvertrauten Pferde so gestaltet, dass deren Wohlbefinden und Gesundheit erhalten bleiben.

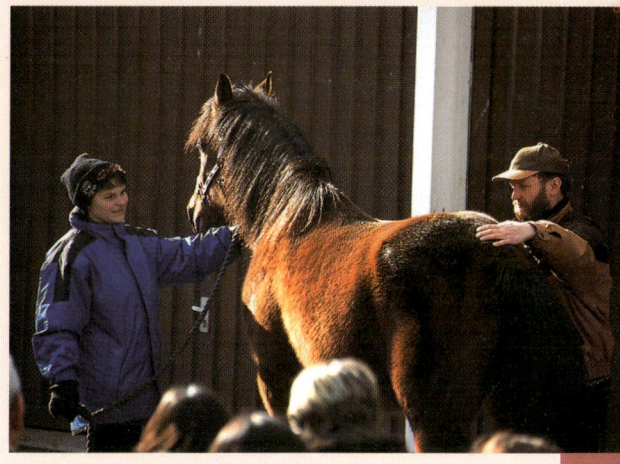

Fortbildungen helfen, Probleme zu vermeiden: Hier geht es um den richtigen Sattel.

Aus Liebe zum Pferd

- beachten wir die Grundbedürfnisse nach Bewegung, sozialen Kontakten mit Artgenossen, Licht und Luft und entscheiden uns für eine artgerechte Haltungsform,
- stellen wir dessen Wohlbefinden über alle sportlichen Aspekte und achten Pferde auch dann, wenn sie weniger leistungsfähig sind,
- wissen wir, dass sein innerer Wert sich nicht im Kaufpreis, in Turniererfolgen oder anderen Äußerlichkeiten festmachen lässt,
- arbeiten wir an uns, um unser Wissen zu vermehren und unsere Pferde immer besser ausbilden zu können,
- denken wir daran, dass der Kauf eines Pferdes den Besitzer über lange Jahre fordert, und zwar in persönlicher, organisatorischer und finanzieller Hinsicht,

Trakehner „Arthus" durfte in Würde 23 Jahre alt werden, die meisten seiner Kollegen haben weniger Glück.

- wissen wir, dass diese Verantwortung auch im Falle der Krankheit oder dauernden Unbrauchbarkeit des Pferdes weiter besteht,
- sind wir stark genug, unserem Freund ein würdiges Altern und angstfreies Ende zu bereiten.

Kein Ende mit Schrecken

Die wenigsten Pferde sterben friedlich im Schlaf, meist machen Krankheiten oder zunehmende Altersbeschwerden es notwendig, sie zu erlösen. Jeder Pferdebesitzer ist dafür verantwortlich, den Tod seines Pferdes so zu gestalten, dass ihm Angst oder Leiden erspart werden. Tierärzte schläfern Pferde sachgerecht so ein, dass sie wie bei einer Narkose einschlafen und im Schlaf sterben, ohne sich dessen bewusst zu sein. Ein eingeschläfertes Pferd wird von einer Tierkörperbeseitigungsanstalt übernommen und entsorgt. Ebenso kompetent handeln versierte Pferdemetzger, die das Pferd mit einem Bolzenschussapparat in Sekun-

denschnelle betäuben und im bewusstlosen Zustand ausbluten, wobei sie friedlich sterben. Der Pferdemetzger kann das Pferdefleisch meist für die menschliche Ernährung verwenden, wenn es nicht als „Nicht-Schlachttier" im Pferdepass eingetragen wurde.

Die Verantwortung des Tierbesitzers endet erst mit dem Tod des Pferdes. Wer sich davor drückt und das Pferd an einen Händler oder zur Schlachtung verkauft, riskiert, dass es in einem Schlachtpferdetransport quer durch Europa endet.

Die Beurteilung des Pferdes

In den so genannten Equidenpässen, die seit dem 1. Juli 2000 Pflicht sind, und Zuchtbescheinigungen werden viele typische Kennzeichen eines Pferdes so erfasst, dass dessen Identität dem Formular immer eindeutig zugeordnet werden kann. Es ist vorgeschrieben, bei jedem Pferdetransport den Equidenpass bei sich zu führen.

Groß oder klein?

Die Größe eines Pferdes wird gemessen, indem der Abstand des Widerristes zum Boden mit einem Zollstock bestimmt wird. Ponys mit einem Stockmaß von weniger als 148 Zentimeter starten auf Turnieren in eigenen Ponyprüfungen. Ist der Rumpf eines Pferdes ungefähr genauso lang wie sein Stockmaß, bezeichnet man es als Quadratpferd, liegt die Rückenlänge über der Widerristhöhe, als Rechteckpferd. Ein weiteres, wichtiges Maß ist der Röhrbeinumfang, der auch über die Belastbarkeit der Gliedmaßen entscheidet.

Kaltblüter und Ponys unterscheiden sich in Größe und Kaliber.

Mit dem Stockmaß wird die Größe eines Pferdes oder Ponys gemessen.

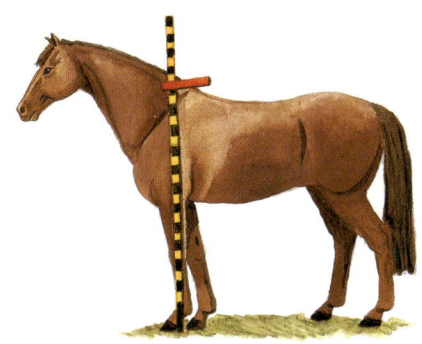

Rassepferd oder nicht?

Pferde werden nach ihrem Typ in Vollblut, Warmblut und Kaltblut eingeteilt, außerdem unterscheidet man Ponys mit einem Stockmaß von bis zu 148 Zentimeter und Pferde oder Großpferde, die darüber liegen. Innerhalb der Typen unterscheidet man zahlreiche Rassen, beispielsweise:

Ponys: Alles, was unter 148 Zentimeter groß ist oder einer Ponyrasse angehört, also Haflinger, Norweger, Isländer, Shetland Pony, Welsh Pony, Connemara Pony, Deutsches Reitpony

Kaltblüter: Kalibrige Arbeitspferde, die für den schweren Zug gezüchtet wurden. Sie werden auch als Schrittpferde bezeichnet. Zu den Kaltblütern zählt man beispielsweise den Schwarzwälder Fuchs, Noriker, das Süddeutsche Kaltblut oder das Shire Horse. Kaltblüter waren vom Aussterben bedroht. Sie führen

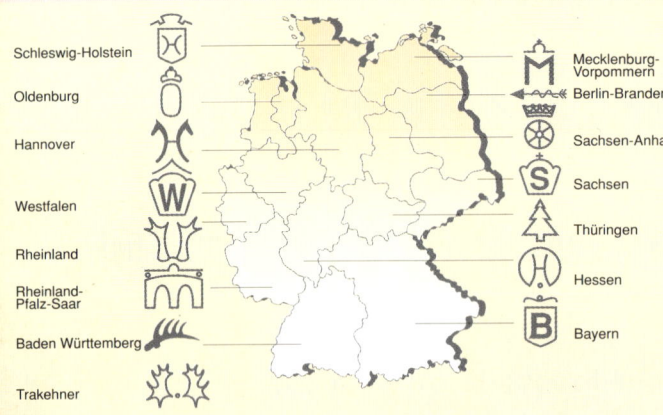

Schleswig-Holstein

Oldenburg

Hannover

Westfalen

Rheinland

Rheinland-Pfalz-Saar

Baden Württemberg

Trakehner

Mecklenburg-Vorpommern

Berlin-Brandenburg

Sachsen-Anhalt

Sachsen

Thüringen

Hessen

Bayern

Deutschlands Pferdezuchtgebiete und ihre Brandzeichen.
Zeichnung: Cornelia Koller

heute vereinzelt Waldarbeiten aus und werden zunehmend beliebter als Freizeitpferde.

Warmblüter: Über 148 Zentimeter groß und das typische und am weitesten verbreitete Reitpferd, also deutsche Reitpferde der verschiedenen Zuchtgebiete (siehe Zeichnung oben) und zahlreiche Spezialrassen. Das Zuchtziel ist ein korrektes Reitpferd mit guten Bewegungen, das wegen seines Charakters und seiner guten Rittigkeit für viele Reitsparten geeignet ist.

Vollblüter: Als Rennpferde gezüchtete, besonders elegante, hochsensible Pferde, also englische Vollblüter, arabische Vollblüter, die auch mit großem Erfolg in der Reitpferdezucht eingesetzt werden.

Farben

Die Farbe eines Pferdes wird mit bestimmten Fachausdrücken bezeichnet, die wichtigsten Grundfarben sind:

- **Schimmel:** Fell und Langhaar sind weiß, die Haut ist dunkel. Schimmel kommen in verschiedenen Farben zur Welt und werden mit den Jahren immer heller.

- **Rappen:** Ganz einfach – Fell und Langhaar sind schwarz
- **Braune:** Ihr Fell ist braun, Langhaar und Beine sind schwarz
- **Füchse:** Das Fell ist rötlich, das Langhaar gleichfarbig oder heller
- **Falbe:** Eine Kombination von cremefarbenem, grauem bis bräunlichem Fell mit schwarzem Langhaar
- **Isabelle:** Gut vom Falben zu unterscheiden, weil bei vergleichbarer Fellfarbe ihr Langhaar hell ist
- **Schecken:** Eine beliebige Grundfarbe kombiniert mit großen, zusammenhängenden weißen Flecken (zum Beispiel Rappschecke)

Abzeichen

Weiße Abzeichen am Kopf des Pferdes werden je nach Größe und Gestalt ebenfalls mit Fachausdrücken bezeichnet:

- **Flocke:** Ein kleiner, weißer Fleck an der Stirn
- **Schnippe:** Ein Fleck an der Oberlippe

Von links nach rechts: Flocke, Schnippe, Stern, Keilstern, Blesse, Laterne

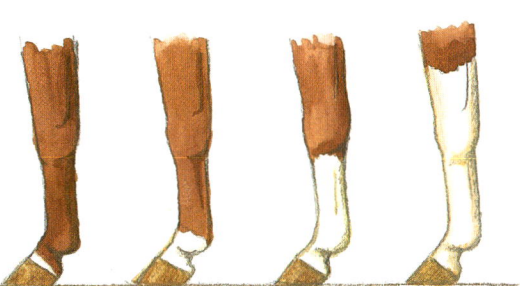

Von links nach rechts: Kronrand weiß, Fessel weiß, Fuß weiß, Bein weiß

Der Brand gehört zu den unveränderlichen Kennzeichen, die auch im Pferdepass erfasst sind.

- **Stern:** Ein sternförmiger Fleck an der Stirn
- **Keilstern:** Ein nach unten verlängerter Stern
- **Blesse:** Ein streifenförmiges Abzeichen unterschiedlicher Größe entlang der Pferdenase
- **Laterne**: Ein großes Abzeichen, das über ein oder beide Augen hinaus geht

Abzeichen an den Beinen werden nach der Lage und der Größe beschrieben, also etwa „weiße Fessel links hinten" oder „weißer Kronrand vorne rechts".

Weitere Identifizierungsmerkmale

Brände (Brandzeichen des Verbandes plus Nummer) werden den Fohlen vieler Rassen auf den linken Hinterschenkel geprägt, zusätzlich oder alternativ kann ein Mikrochip mit einer individuellen Nummer implantiert werden. Fellwirbel können nach Lage und Aussehen beschrieben werden, ebenso wie Narben. Die Kastanien eines Pferdes liefern eine Art Fingerabdruck und gehören ebenfalls zu den unveränderlichen Kennzeichen. Dann unterscheiden sich Pferde natürlich auch im Geschlecht: Männliche, kastrierte Tiere (Wallache), die unkastrierten Kollegen (Hengste), und weibliche Pferde (Stuten). Auch das Alter eines Pferdes kann zur Identifizierung herangezogen werden,

was aber nicht einfach ist. Äußerliche Merkmale wie graue Haare am Kopf, eingesunkene Höhlen über den Augen oder ein Senkrücken reichen nicht aus, weshalb man auch den Abnutzungsgrad der Zähne berücksichtigt.

Zeigt her eure Pferde

Bei zahlreichen Gelegenheiten werden Pferde begutachtet, ihre Merkmale erfasst und bewertet. Bei der

Bei der Exterieurbeurteilung wird das Gebäude eines Pferdes begutachtet.

Schritt

"Eins" "Zwei" "Drei" "Vier"

Trab

"Eins" "Zwei"

Galopp

"Eins" "Zwei" "Drei"

Oben: Der Schritt ist ein Viertakt, ohne Schwebephase und somit schwunglos.
Mitte: Der Trab ist ein Zweitakt.
Unten: Der Galopp ist ein Dreitakt.

Beurteilung des Interieurs werden Eigenschaften erfasst, die eine Aussage über den Charakter und das Temperament des Pferdes erlauben.

Das Exterieur wird am aufgestellten Pferd beurteilt, das Pferd soll ruhig dem Führenden gegenüber stehen und alle Beine belasten. Die äußerlich sichtbaren Körpermerkmale wie Rasse, Abzeichen, Geschlecht, Größe, Alter und Farbe werden begutachtet, der Körperbau hinsichtlich seiner Harmonie bewertet. Das Gangwerk kann beim Vorführen oder Vortraben an der Hand, besser aber beim frei laufenden Pferd betrachtet werden. Alle abrufbaren Gangarten werden hinsichtlich ihrer Eigenschaften, etwa Raumgriff oder Schwung, einzeln erfasst. Man unterscheidet die Grundgangarten Schritt, Trab und Galopp und die Spezialgangarten Tölt und Rennpass.

Beurteilungen haben den Sinn, die Qualität eines Pferdes, sein Interieur, Exterieur und Gangwerk, objektiv zu erfassen, etwa um den Nutzen für die Zucht abzuwägen.

Ist das Pferd gesund, freut sich der Mensch

Mit der Verantwortung für ein Pferd übernimmt der Mensch auch die Sorge um seine Gesundheit: Durch Vorsorgemaßnahmen, Früherkennung von Krankheitsanzeichen und im Notfall erste Hilfe.

Vorsorge ist besser als Heilung

Parasiten im Verdauungstrakt, oft einfach Würmer genannt, nisten sich bei den meisten Pferden als unbemerkte Untermieter ein. Nehmen sie überhand, treten Verdauungsstörungen oder Koliken auf, da sie den Darm schädigen. Magerkeit, geblähte Bäuche, stumpfes und struppiges Fell und nachlassende Leistungsbereitschaft sind oft Anzeichen für Wurmbefall. Anhand einer Kotprobe kann der Tierarzt die Art des Befalls feststellen und ein geeignetes Wurmmittel wählen. Pferde müssen routinemäßig mehrmals im Jahr entwurmt werden. Diese Entwurmung befreit sie zwar von Parasiten, schützt sie aber nicht vor der erneuten Aufnahme, weshalb regelmäßige Kontrollen notwendig sind.

Eine zweite wichtige Vorsorgemaßnahme ist die Impfung gegen schwere oder gar unheilbare Krankheiten. Der Tetanus oder Wundstarrkrampf wird durch Bakterien verursacht, die in Wunden eindringen und sich dort vermehren. Ist die Krankheit ausgebrochen, sterben die meisten Pferde daran, da es keine wirksame Medizin gibt. Tollwut kann nicht nur auf der Weide, sondern auch im Stall auf Pferde übertragen werden. Da eine Behandlung nicht möglich ist, gehört auch die Tollwutimpfung

Regelmäßige Wurmkuren verhindern, dass sich zu viele Parasiten im Pferd verbreiten.

Geimpft wird gegen unheilbare, sehr schwere oder hoch ansteckende Krankheiten.

zu den unbedingt nötigen Vorsorgemaßnahmen. Weiterhin wird gegen die Pferdeinfluenza und bestimmte Herpesviren regelmäßig geimpft, wobei die Impfung gegen Influenza seit neuestem für Turnierpferde sogar alle sechs Monate vorgeschrieben ist. Jede Impfung beginnt mit einer Grundimmunisierung, die dann in bestimmten Abständen aufgefrischt werden muss.

Kleine Anatomie des Pferdes

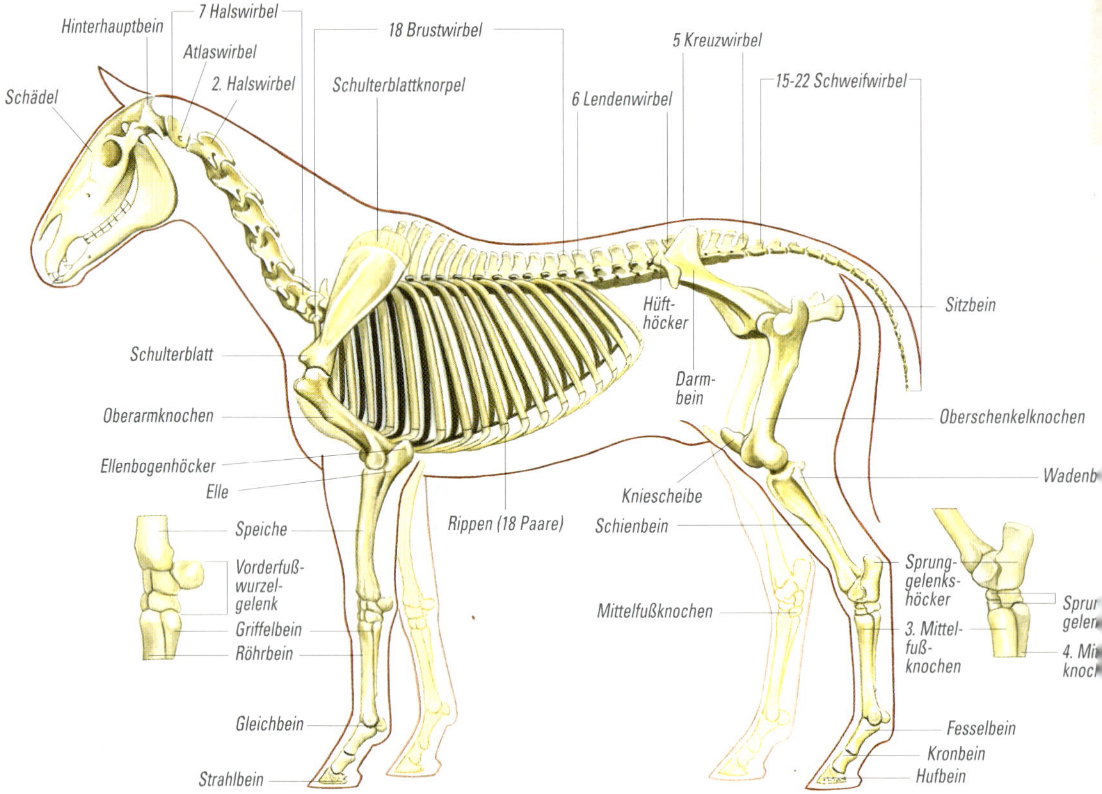

Hinterhauptbein
7 Halswirbel
18 Brustwirbel
5 Kreuzwirbel
Atlaswirbel
15-22 Schweifwirbel
2. Halswirbel
Schulterblattknorpel
6 Lendenwirbel
Schädel
Hüft-
höcker
Sitzbein
Schulterblatt
Darm-
bein
Oberarmknochen
Oberschenkelknochen
Ellenbogenhöcker
Wadenb
Elle
Kniescheibe
Speiche
Rippen (18 Paare)
Schienbein
Sprung-
gelenks-
höcker
Vorderfuß-
wurzel-
gelenk
Sprur
gelen
Griffelbein
Mittelfußknochen
3. Mittel-
fuß-
knochen
4. Mi
knoc
Röhrbein
Gleichbein
Fesselbein
Kronbein
Strahlbein
Hufbein

Zeichnungen: Carole Vincer

Mähnenkamm
Genick
Ganasche
Widerrist
Stirn
Kruppe
Lende
Sattellage
Schweifrübe
Hals
hweif
Hinterhand
Flanke
Schulter
Luftröhre
Nüster
Maul
Buggelenk
Schlauch
oder Vorhaut
Ellbogen
Unterarm
Sprunggelenk
Vorderfuß-
wurzelgelenk
Fessel
Fessel-
beuge
Fesselgelenk
Ballen
Kronrand

Das Pferd ist unterteilt in:
Hinterhand – Mittelhand – Vorhand

Gesund und munter?

Der Besitzer eines Pferdes ist am meisten mit dem
Wesen und Verhalten seines Tieres vertraut und ent-
deckt deshalb Krankheitsanzeichen oft frühzeitig. Alle
Abweichungen vom gewohnten Bild, etwa

- Schwellungen,
- Schmerzhaftigkeit,
- unruhiges, teilnahmsloses
  oder ungewohnt aggressives Verhalten,
- mangelnder Appetit,
- übermäßiges Schwitzen,
- Juckreiz,
- Husten,

Ein solcher Ausschlag fällt dem Besitzer sicher beim Putzen auf: Hier liegt eine Allergie vor.

PAT-WERTE
Puls 28-40 Schläge pro Minute
Atmung 8-16 Atemzüge pro Minute
Temperatur 37,5-38,2 Grad Celsius

Schnelle Hilfe

- Lahmheiten und andere Veränderungen des normalen Gangwerks,
- sichtbare Verletzungen,
- tränende, eiternde oder geschwollene Augen,
- dauerndes Gähnen oder Flehmen

können durch Krankheiten oder Verletzungen ausgelöst werden. Um sich ein Bild von derSchwere der Erkrankung zu machen, kann der Tierhalter Puls, Atmung und Temperatur (PAT-Werte) selbst überprüfen. Der Puls, also die Frequenz des Herzschlags, wird mit den Fingerkuppen an der Innenseite der Ganaschen erfühlt und gezählt, er kann aber auch in der Herzgegend ertastet oder abgehorcht werden. Normal sind 28 bis 40 Herzschläge pro Minute, beim Fohlen bis zu 80. Die Atemfrequenz lässt sich an den Bewegungen der Nüstern, besser noch der Flankengegend ablesen, hier liegen die Normalwerte bei acht bis 16 pro Minute, beim Fohlen sind es wieder mehr, nämlich 24 bis 30. Die Temperatur wird erfasst, indem man ein gefettetes oder befeuchtetes Thermometer in den After einführt. Dabei sollte das Thermometer fest gehalten werden, damit es sich nicht in den Pferdedarm verabschiedet. Liegt die Temperatur zwischen 37,5 und 38,2 Grad (Fohlen bis 38,5), ist alles in Ordnung. Abweichungen von diesen Normalwerten sind immer Hinweise auf mögliche Krankheiten, hier muss der Tierarzt der Sache nachgehen.

Bei bestimmten Krankheiten besteht akute Gefahr für Leib und Leben, hier muss sofort der Tierarzt gerufen werden. Dazu gehören vor allem

Koliken: Akute, mit Schmerzen einher gehende Erkrankungen des Verdauungsapparates, die sich in Unruhe, Futterverweigerung, dauerndem Umsehen nach dem Bauch, Fußtritten gegen den Bauch, ständigem Hinlegen und Aufstehen oder heftigem Wälzen äußern.

Das ständige Umsehen nach dem Bauch kann ein Kolikanzeichen sein. Foto: H. Ende

Hufrehe: Eine äußerst schmerzhafte Entzündung der Huflederhaut, bei der Pferde entweder dauernd liegen oder im Stehen versuchen, die Vorderbeine zu entlasten.

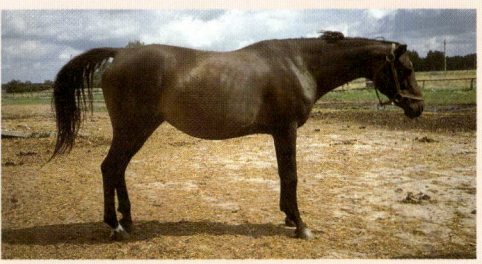

Pferde versuchen bei Hufrehe durch Vorstellen der Beine diese zu entlasten. Foto: H. Ende

Schlundverstopfung: Verlegt ein Futterbrocken die Speiseröhre, steht das Pferd mit gesenktem Kopf da, würgt und nimmt weder Futter noch Wasser auf. Aus den Nüstern läuft oft Speisebrei.

Kreuzverschlag: Diese auch Feiertagskrankheit genannte Erkrankung der Muskulatur äußert sich vor allem in plötzlicher Steifigkeit, die Pferde gehen freiwillig kaum noch vorwärts, schwitzen stark und haben große Schmerzen. Beim Strahlen fällt der braunrot verfärbte Urin auf.

Vergiftungen: Bei den eher selten auftretenden Vergiftungen sind ganz unterschiedliche Krankheitssymptome möglich, meist ähnlich einer Kolik.

Bis zum Eintreffen des Tierarztes kann der Besitzer seinem Pferd helfen, indem er

- absolut ruhig bleibt,
- alle neugierigen Zuschauer bis auf ein oder zwei ruhige, kompetente Helfer bittet zu gehen,
- sein Pferd bei kühler Witterung eindeckt,
- bei Kolikanzeichen sein Pferd führt, es aber auch gestattet, dass es sich hinlegt oder wälzt (früher dachte man, dadurch würde die Sache schlimmer, heute weiß man es besser),
- bei allen anderen Erkrankungen sein Pferd ruhig hält und
- die Finger von allen Verletzungen lässt, auch eingespießte Fremdkörper möglichst nicht entfernt und lediglich stoßweise Blutungen durch einen Druckverband stillt.

Die PAT-Werte sind Ruhewerte, gelten also nicht für Pferde, die gerade geritten wurden!

Hauptmängel

Nach der gesetzlichen Verordnung von 1899 muss der Verkäufer eines Pferdes bei Auftreten von chronischen, unheilbaren Krankheiten (Hauptmängel), die zu einer Unbrauchbarkeit des Pferdes führen, innerhalb von 14 Tagen nach Übergabe haften.

Es gibt sechs Hauptmängel:

- Rotz (hochgradig ansteckende Seuche)
- Dummkoller (unheilbare Gehirnerkrankung)
- Dämpfigkeit (chronische Erkrankung der Atemwege)
- Kehlkopfpfeifen (Erkrankung der Luftröhre oder des Kehlkopfes)
- Periodische Augenentzündung (entzündliche Veränderung des Auges, die zur Erblindung führen kann)
- Koppen

Hier ist gut Pferd sein

Jede Haltungsform ist ein Kompromiss zwischen den natürlichen Bedürfnissen des Pferdes und den Ansprüchen seines Besitzers. Je mehr die Grundbedürfnisse des Pferdes nach Licht, Luft, freier Bewegung und der Gesellschaft von Artgenossen befriedigt werden, desto zufriedener, gesünder und ausgeglichener wird es sein.

Was Pferde wirklich brauchen

Pferde haben teilweise dieselben, aber auch ganz andere Bedürfnisse als wir Menschen. Sie brauchen

- ausreichend Futter,
- immer Zugang zu frischem Wasser,

- einen Witterungsschutz bei Niederschlägen und starker Sonneneinstrahlung
- viel frische Luft und ungefiltertes Licht,
- die Möglichkeit, soziale Kontakte zu Artgenossen zu knüpfen und zu pflegen und
- die Möglichkeit, sich ungezwungen zu bewegen.

Artgerecht oder nicht?

Eine Haltung, die diese Bedürfnisse erfüllt, wird als artgerecht bezeichnet. Zu den häufigsten Haltungsformen gehören die

Gruppen-Auslaufhaltung, auch Robusthaltung genannt. Eine Pferdegruppe ist in einem teils überdachten, teils offenen Gelände untergebracht und wechselt nach eigenem Gutdünken zwischen dem Stallbereich und dem Auslauf hin und her. Fachleute sind sich einig, dass diese Haltungsform den Bedürfnissen der Pferde am meisten entspricht. Nachteilige Faktoren aus Sicht der Halter sind der oft größere Putzaufwand, die Gefahr von Verletzungen durch Rangstreitigkeiten (die allerdings meist überschätzt wird) und die Schwierigkeit der individuellen Futterzuteilung.

Weidehaltung, die natürlich nur während der Sommersaison möglich ist. Sie ist ebenso artgerecht wie die Robusthaltung und sichert auch eine natürliche Ernährung der Pferde. Für Stuten mit Fohlen und Jungpferde ist während des Sommers die Weidehaltung ein Muss, andere Pferde sollten zumindest stundenweise Weidegang genießen.

Laufstallhaltung, bei der Pferdegruppen gemeinsam frei laufend in einem Stall untergebracht sind. Diese Haltungsform ist nicht ganz so positiv zu beurteilen wie die Robusthaltung, da Licht und Frischluft natürlich nur eingeschränkt verfügbar sind.

Einzel-Auslaufhaltung, eine noch selten zu sehende Kombination von Box und angeschlossenem

Die Gruppenauslaufhaltung ermöglicht Pferden ein artgerechtes Leben.

Für Fohlen und Stuten ist der Weidegang ein Muss.

Auslauf, in der jeweils nur ein Pferd untergebracht ist. Aufgrund des fehlenden Kontakts zu Artgenossen wird meist der verfügbare Raum nicht so zur Bewegung genutzt wie bei der gemeinsamen Unterbringung mit anderen Pferden.

Boxenhaltung, immer noch die häufigste Haltungsform, bei der jedes Pferd alleine ein kleines, meist quadratisches „Zimmer" in einem Stall bewohnt. Der Vorteil ist, dass jedes Pferd einzeln gefüttert werden kann und kaum Verletzungsgefahr durch Streitigkeiten der Pferde untereinander besteht. Jedoch ist dadurch der Sozialkontakt stark eingeschränkt, viele Pferde leiden unter Bewegungsmangel und Langeweile. Diese Haltung ist in Kombination mit täglichem Aufenthalt im Freien in der Gruppe vertretbar. Wichtig ist auch, jeden Tag die nasse Einstreu und den Pferdemist zu entfernen.

Ständerhaltung, die den Grundbedürfnissen der Pferde nicht im Mindesten entspricht und deshalb als tierschutzwidrig angesehen wird. Hier sind die Pferde einzeln in kleinen Verschlägen angebunden und können sich zwar niederlegen, aber nicht einmal umdrehen.

Sicherheit geht vor

Für welche Haltungsform man sich auch entscheidet, sie muss sicher und artgerecht sein sowie richtig gemanagt werden. Wichtig sind

- eine sichere Einzäunung, mit hohen, stabilen Zäunen
- die regelmäßige Pflege, vor allem die mindestens tägliche Entfernung von Mist,
- die Bereitstellung eines trockenen, eingestreuten (Liege-) Bereichs für Ruhephasen,
- die individuelle Fütterung jedes einzelnen Pferdes, beispielsweise in Fressständen
- der ständige Zugang zu sauberem Wasser für alle Pferde,
- ein sicherer, wetterfester Unterstand, in dem alle Pferde Platz haben und
- bei der Zusammenstellung von Gruppen die Beachtung individueller Sympathien und Antipathien der Pferde.

Boxen müssen, je nach Größe des Pferdes, mindestens über eine Grundfläche verfügen, die sich aus der doppelten Widerristhöhe im Quadrat errechnet. Daneben muss für jedes Pferd eine Fensterfläche von mindestens einem Quadratmeter eingeplant werden. Es reicht, die Boxen durch brusthohe, verletzungssichere Einfassungen voneinander zu trennen; so können sich benachbarte Pferde sehen und beschnuppern. Sind

Längs- oder Quergitter vorhanden, muss darauf geachtet werden, dass sie einen geringen Abstand voneinander haben (bis fünf Zentimeter), damit sich kein Huf oder Kopf darin verfangen kann. Die Boxentüren müssen breit genug sein, der Boden rutschfest und eben. Außenfenster, die bei jeder Witterung den Blick nach draußen gestatten und viel frische Luft in den Stall lassen, sind besser als geschlossene Ställe.

Ein pferdegerechtes Stallklima zeichnet sich durch dauernde Frischluftzufuhr, leichte Luftbewegung, viel Helligkeit und gegenüber der Außentemperatur nur leicht abgemilderte Innentemperaturen aus.

Wenn es schon eine Box sein muss, dann aber zumindest als Zimmer mit Aussicht!

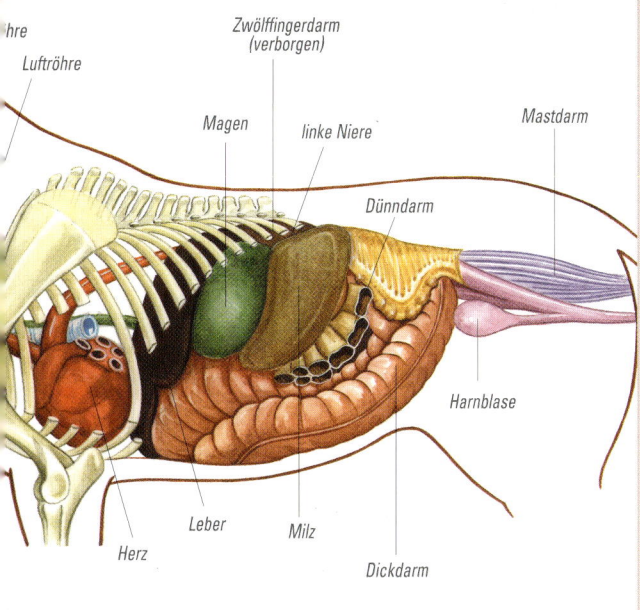

...hre
Luftröhre

Zwölffingerdarm
(verborgen)

Magen

linke Niere

Mastdarm

Dünndarm

Harnblase

Leber

Milz

Herz

Dickdarm

Das Verdauungssystem des Pferdes.
Zeichnungen: Carole Vincer

danach in den Magen. Damit das Futter von dort aus beim Fressen mit gesenktem Kopf nicht wieder zurückfließt, gibt es einen Schließmuskel, der das verhindert; dieser ist auch der Grund dafür, dass Pferde nicht erbrechen können. Das Pferd hat einen in Relation zu seiner Körpergröße kleinen Magen, deshalb sollten auch viele kleine Mahlzeiten erfolgen. Füttern Sie deshalb mindestens viermal am Tag und stellen Sie Ihrem Pferd die ganze Zeit Raufutter zur Verfügung. Nach dem Aufenthalt im Magen kommt die Nahrung in den Dünndarm, danach in den Blind- und in den Dickdarm. Die nicht verwerteten Produkte werden über den Enddarm ausgeschieden.

Zurück zur Natur?

Unsere Pferde sind von Natur her Grasfresser, die täglich viele Stunden mit der Nahrungsaufnahme verbringen sollten. Ihr Verdauungssystem ist so ausgelegt, dass es große Mengen voluminöser Nahrung optimal ausnutzt, ja sogar benötigt, damit alle Vorgänge richtig funktionieren. Aus diesem Grund bildet das *Raufutter* (Heu, Stroh) die Grundlage und den wichtigsten Bestandteil jeder Fütterung. Je nach Belastung wird die Raufutterration durch *Kraftfutter* ergänzt, dieses besteht vorwiegend aus Getreide (Hafer, Mais, Gerste) und verschiedenen Beimengungen, etwa Melasse, Kleie, Leinsamen oder Mineralmischungen. Zusätzlich können *Saftfutter* (Möhren, Grünfutter, Silagen) und spezielle Futtermittel für Pferde mit einem erhöhten Bedarf an bestimmten Stoffen (etwa Karotin für Zuchtpferde) gereicht werden. Nicht zu vergessen: Seinen hohen Wasserbedarf (vier bis zwölf Liter pro 100 Kilogramm Körpergewicht!!!) muss das Pferd am besten nach Belieben, mindestens aber durch dreimaliges Tränken von Hand decken können. Und Salz sollte stets zur freien Verfügung stehen, am besten durch einen im Stall aufgehängten Salzleckstein.

Die Fütterung

Die Ernährung hat signifikante Auswirkungen auf die Gesundheit, das Wohlbefinden und die Leistungsfähigkeit eines Pferde. Eine Fütterung ist dann gut, wenn sie sowohl die natürlichen Bedürfnisse des Pferdes als auch seinen aktuellen Bedarf berücksichtigt. Der Bedarf wiederum wird von vielen Faktoren beeinflusst, vor allem Leistung (Arbeit, Zucht, Wachstum), Alter, Haltungsform, Rasse und Größe beziehungsweise Normalgewicht.

Die Verdauung

Das Verdauungssystem des Pferdes ist außerordentlich empfindlich. Deswegen sollten Sie dem Pferd nach jeder Fütterung eine zweistündige Verdauungspause gönnen. Nehmen Pferde Nahrung auf, wird diese mit den Backenzähnen zermahlen, gelangt dann in die Speiseröhre und

Wie viel darf es sein?

Mittels so genannter Faustzahlen lässt sich der ungefähre Bedarf berechnen. Als Grundlage dient das Gewicht eines Pferdes, dieses muss also ermittelt oder gut geschätzt werden:

Warmblüter wiegen durchschnittlich 550 bis 650 Kilogramm, Vollblüter 450 bis 520, Kaltblüter meist ab 700 Kilogramm, Ponys je nach Größe und Kaliber ab 150 bis ungefähr 450 Kilogramm.

Je 100 Kilogramm Körpergewicht erhalten leicht bis mittelgradig belastete Pferde täglich ungefähr

- 1 bis 1,5 Kilogramm Heu,
- 0,5 bis 1 Kilogramm Kraftfutter,
- zusätzlich Stroh, das meist nach Belieben
  aus der Einstreu aufgenommen wird.

Nicht gearbeiteten Pferden ist das Kraftfutter zu kürzen oder ganz zu streichen. Am Raufutter darf nicht gespart werden, es hält nicht nur die Verdauungsfunktionen in Gang, sondern dient auch der Beschäftigung!

Mahlzeit!

Ursprünglich verbrachten Pferde den größten Teil des Tages mit der Aufnahme von wenig gehaltvollem Futter und ihre Verdauungsorgane haben sich im Verlauf von Jahrtausenden auf diese Ernährung eingestellt. Auch heute noch sollte die Fütterung so gestaltet sein, dass mehrmals täglich kleinere Rationen gereicht werden, wobei das Raufutter jeweils zuerst vorgelegt wird und ungefähr zehn Minuten später das Kraftfutter. Als Leitlinien für die artgerechte Fütterung dienen die folgenden Eckpunkte:

- Kraftfutter wird in mindestens zwei, besser drei oder mehr Portionen vorgelegt;
- Raufutter wird ebenfalls am besten drei mal täglich gereicht, die größte Portion ist abends fällig;
- Stroh sollte zusätzlich gefüttert werden oder in

ausreichenden Mengen aus der sauberen Einstreu aufgenommen werden können;

- um Unruhe im Stall zu vermeiden, sind die Fütterungszeiten möglichst pünktlich einzuhalten;
- bei Pferden, die in Gruppen gehalten werden, ist für eine individuelle Fütterung zu sorgen;
- unmittelbar vor und nach der Arbeit sollte kein Kraftfutter gereicht werden.

Das Raufutter sollte so gefüttert werden, dass die Pferde es in entspannter Haltung aufnehmen können. Dazu eignen sich Bodenraufen am besten; Überkopfraufen sind dagegen problematisch, da das Futter den Pferden in die Augen rieselt und der Hals bei der Aufnahme unnatürlich hoch gedreht werden muss. Ebenso sind Heunetze nicht ungefährlich, da sie im leeren Zustand tief hängen und sich Pferde leicht mit einem Huf darin verfangen können. Kraftfutter und Saftfutter wird in der Krippe gereicht, wobei diese täglich gründlich zu säubern ist.

Mais (hier Maisflocken) Pellets und Hafer können, bei höherer Belastung, das Raufutter ergänzen.

Die meisten Probleme ergeben sich durch Überfütterung, Mangelsituationen sind dagegen nur selten zu beobachten.

Na dann: Viel Glück für die Prüfung! Und viel Spaß mit unseren Freunden, den Pferden!